Hide-and-Seek Around the World
Copyright © Arcturus Holdings Limited

Os direitos desta edição pertencem à
Pé da Letra Editora
Rua Coimbra, 255 - Jd. Colibri
Cotia, SP, Brasil
Tel.(11) 3733-0404
vendas@editorapedaletra.com.br
www.editorapedaletra.com.br

Esse livro foi elaborado e produzido pelo

Tradução e Edição Fabiano Flaminio
Autora Violet Peto
Ilustrações Natasha Rimmington
Design Rosie Bellwood e Jessica Holliland
Diagramação Adriana Oshiro
Revisão Larissa Bernardi

☎ (11) 93020-0036

Impresso no Brasil, 2022

Dados Internacionais de Catalogação na Publicação (CIP)
Angélica Ilacqua - CRB-8/7057

Peto, Violet
    Esconde-esconde ao redor do mundo / Violet Peto ; tradução de Fabiano Flaminio. - São Paulo : Pé da Letra, 2022.
96 p. : il., color.

ISBN: 978-65-5888-528-3

Título original : Hide-and-seek around the world

1. Literatura infantojuvenil I. Título II. Flaminio, Fabiano

22-1316   CDD 028.5

Índices para catálogo sistemático:
1. Literatura infantojuvenil

Todos os direitos reservados. Nenhuma parte desta publicação pode ser reproduzida, armazenada em um sistema de recuperação ou transmitida, de qualquer forma ou por qualquer meio, eletrônico, mecânico, fotocopiador, de gravação ou outro, sem autorização prévia por escrito, de acordo com as disposições da Lei 9.610/98. Qualquer pessoa ou pessoas que pratiquem qualquer ato não autorizado em relação a esta publicação podem ser responsáveis por processos criminais e reclamações cíveis por danos. Esta editora empenhou-se em contatar os responsáveis pelos direitos autorais de todas as imagens e de outros materiais utilizados neste livro. Se, porventura, for constatada a omissão involuntária na identificação de algum deles, dispomo-nos a efetuar, futuramente, os possíveis acertos.

Que comecem os jogos!

"Olá, eu sou Sasha!"

"Eu sou Olly. E este é nosso amigo pinguim, Pertwee."

Estes três amigos são campeões de esconde-esconde! Agora eles enfrentam o último desafio em um jogo em que terão que encontrar os mestres da ocultação de todo o mundo. Eles convidaram VOCÊ para juntar-se à equipe e ajudá-los nesta incrível aventura!

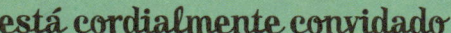 está cordialmente convidado

a se juntar a

Sasha, Pertwee e Olly

em um jogo internacional de esconde-esconde.

Então, venha e navegue pelos canais de Amsterdã enquanto procura Vincenza Van Gotcha, explore as antigas pirâmides do Egito enquanto caça a Inteligente Cleo, e celebre o Ano Novo Chinês em Xangai em busca da Secreta Shuchun.

Você é um bom observador? Será que você consegue encontrar os maiores ocultadores do mundo? Vire as páginas para descobrir!

Fashionistas pela França

Bonjour! Bem-vindo a Paris, a cidade do amor, da moda e da arte. Você consegue encontrar Claudette LaCacheuse escondida perto da Torre Eiffel?

Claudette

Festa italiana

Venha provar as delícias da cozinha italiana aqui em Nápoles, na Itália, o berço da pizza. Você consegue ver Irena Incognito?

Festa em Portugal

Este casal realizou seu casamento no belo Palácio da Pena. Cuidado com a esperteza de Carlos entre os convidados.

Carlos

Jogos Escoceses

Aqui nas Terras Altas da Escócia, os concorrentes estão se divertindo com os tradicionais jogos celtas. Onde está escondida a misteriosa Morag?

Morag

Os canais de Amsterdã

A capital da Holanda é famosa por seus canais sinuosos e edifícios altos e brilhantes. Fique atento à Vincenza Van Gotcha em suas andanças pela Holanda.

Vincenza

Deliciosa Dinamarca

Aprenda tudo sobre a história dinamarquesa neste festival Viking. Você consegue ver a Dinekke?

Dinekke

Luz do Norte na Noruega

Venha e veja o espetacular céu cintilante acima das geleiras da Noruega. Onde Dorina, a Fugitiva, está escondida?

Dorina

Festa das Flores na Polônia

Traga sua coroa de flores e desfrute a música e dança do Festival Wianki, em Cracóvia. Onde a Agata está escondida?

Você nos encontrou?

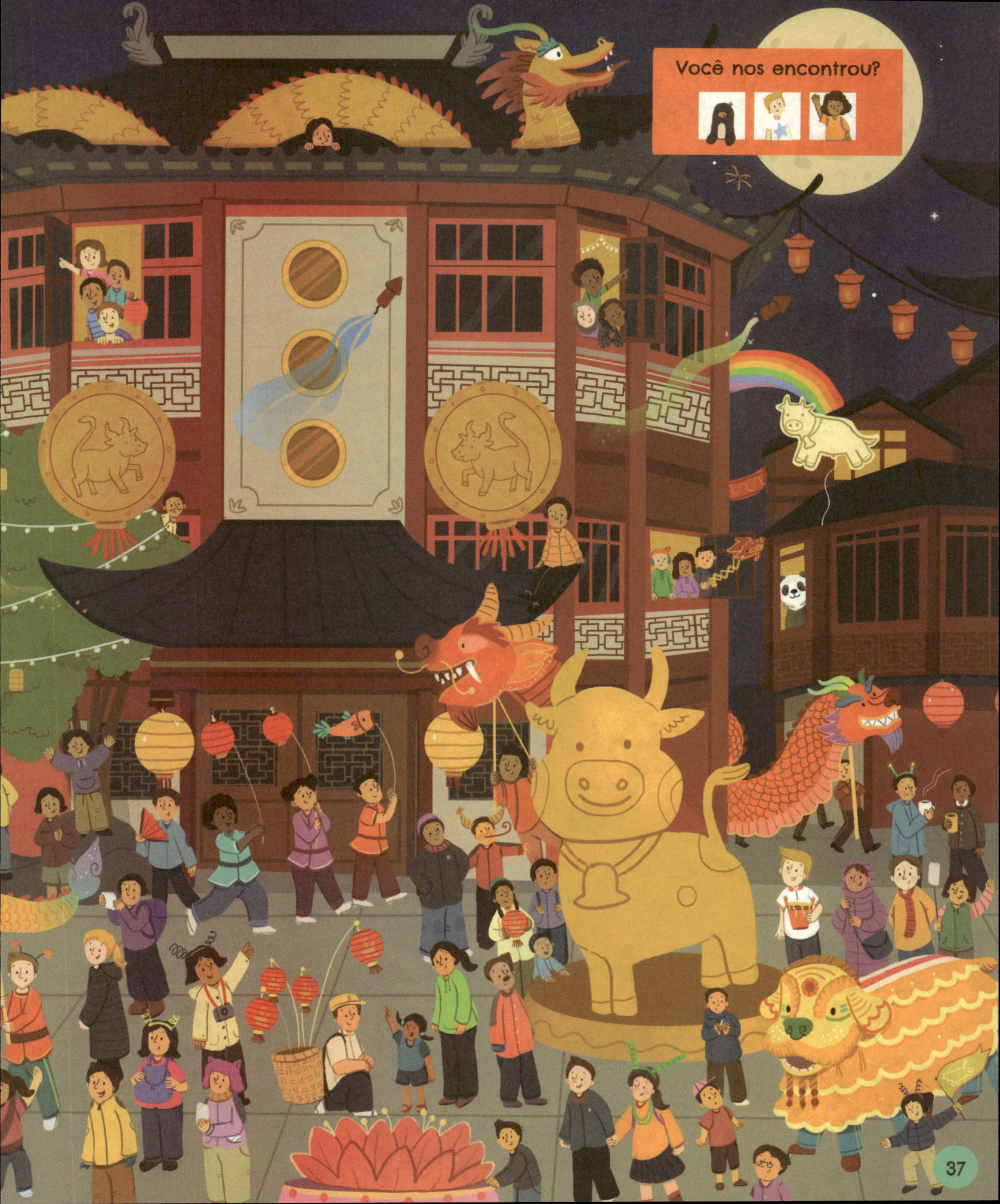

ÍNDIA MOVIMENTADA

Entre em um tuk-tuk e trace seu caminho através do trânsito movimentado de Mumbai. Você consegue encontrar a Kavitha?

Kavitha

Você nos encontrou?

Hidrovias da Indonésia

Aproveite e faça pechinchas neste mercado de frutas flutuante em Bornéu. Procure Mentari, o Mistificador.

Mentari

Você nos encontrou?

41

Vida na praia em Oz

Pegue seu equipamento de mergulho e explore a bela vida marinha da Grande Barreira de Corais da Austrália. Você consegue avistar o desconcertante Bruce?

Bruce

Você nos encontrou?

43

ANIMAIS DA ÁFRICA

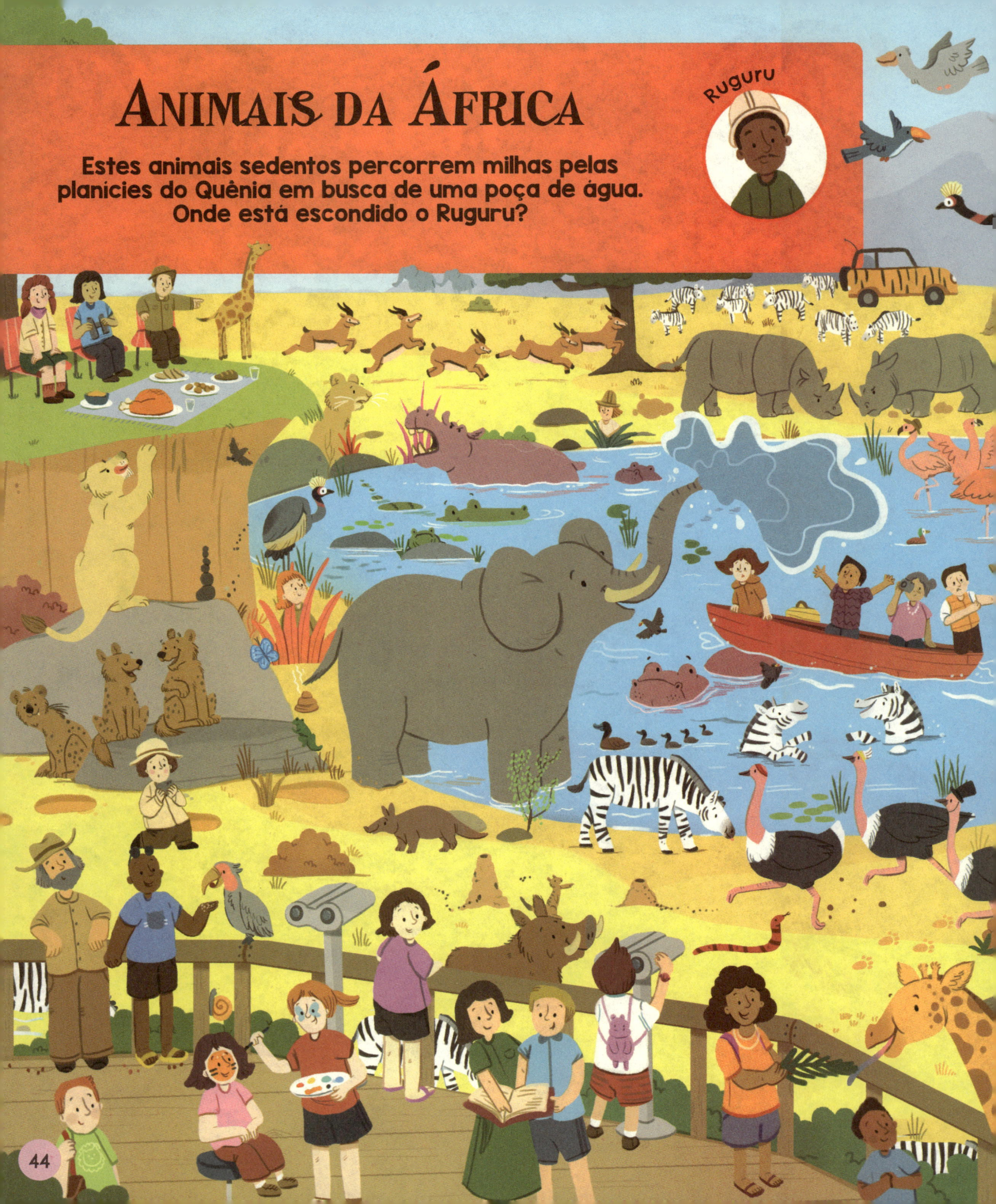

Estes animais sedentos percorrem milhas pelas planícies do Quênia em busca de uma poça de água. Onde está escondido o Ruguru?

Ruguru

44

Você nos encontrou?

PIRÂMIDES DE GIZÉ

Dentro dessas estruturas gigantescas estão os túmulos da antiga realeza egípcia. Cuidado com as múmias despertas! Você consegue encontrar a inteligente Cleo?

Cleo

Você nos encontrou?

Mercado de rua nigeriano

Participe de um dia de compras cheio de ação neste mercado vibrante e barulhento em Lagos, Nigéria. Procure por Tujuka, o Trapaceiro, escondido entre as barracas.

Tujuka

Você nos encontrou?

Tango na Argentina

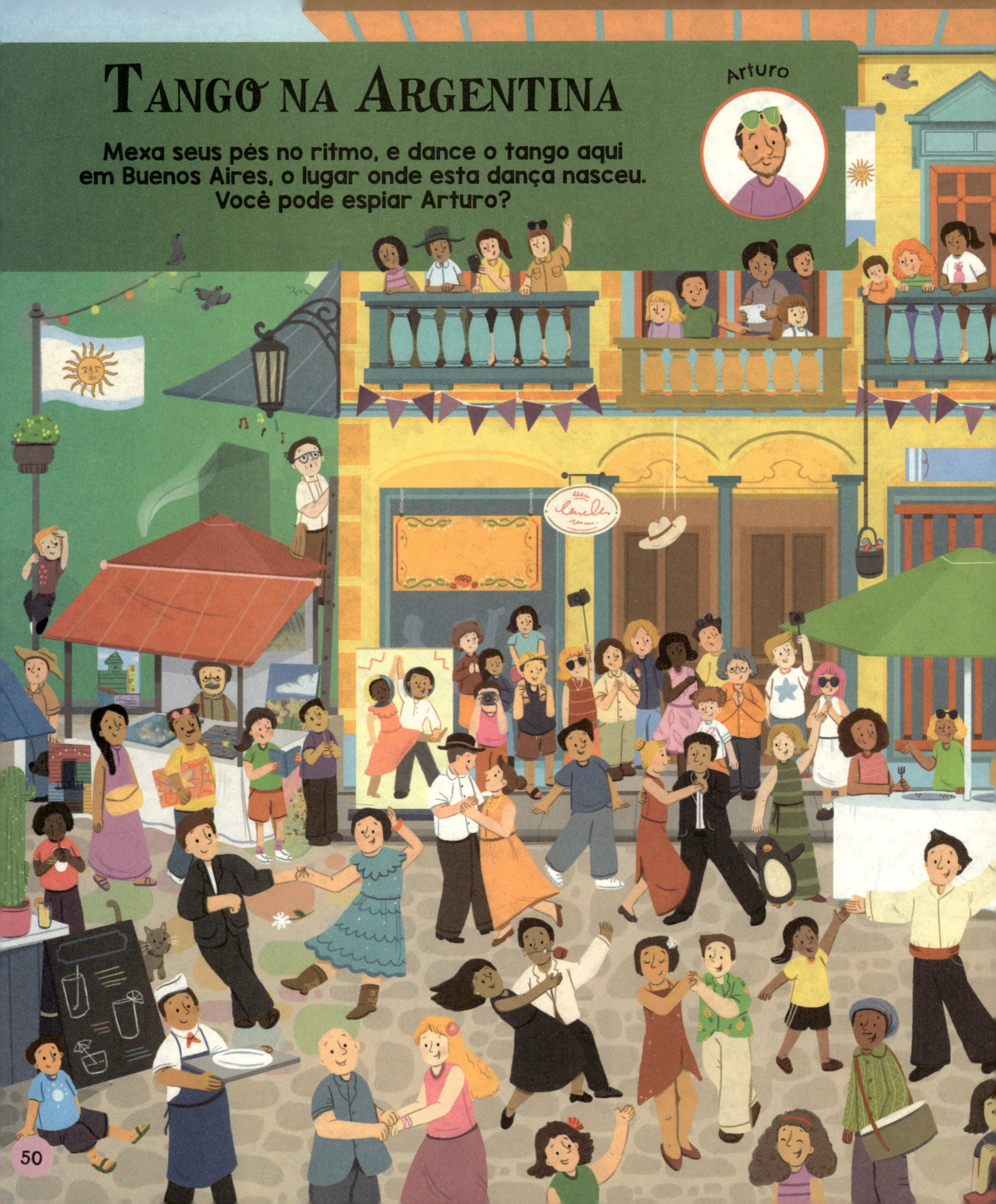

Mexa seus pés no ritmo, e dance o tango aqui em Buenos Aires, o lugar onde esta dança nasceu. Você pode espiar Arturo?

Arturo

Você nos encontrou?

51

Pitoresco Peru

Aproveite as vistas panorâmicas de Machu Picchu, a impressionante ruína da cidade aninhada no alto da Cordilheira dos Andes. Onde está escondida Juanita Discreeta?

Juanita

Você nos encontrou?

Expedição Equatoriana

A Floresta Tropical Amazônica, na América do Sul, está repleta de vida selvagem maravilhosa. Mantenha seus olhos abertos para encontrar Fábio em sua aventura na selva.

Fábio

Você nos encontrou?

55

Futebol nos Estados Unidos

Este popular esporte americano teve origem aqui em Nova Jersey. Por qual desses times do ensino médio você vai torcer? Procure por Olivia Obscura.

Olivia

Você nos encontrou?

Escola Espacial Americana

Estes astronautas estão treinando para sua próxima missão aqui na sede de pesquisa espacial da América, em Washington, DC. Você consegue ver Irene?

Irene

Você nos encontrou?

59

Miami Beach

As pessoas se reúnem na Flórida, EUA, para visitar esta cidade de praia reluzente, conhecida por seu sol, areia e surfe. Você pode ver o Sr. E?

Sr. E

Você nos encontrou?

Danças Texanas

Yee-haw! Bem-vindo ao rancho. Balance o seu parceiro e divirta-se neste baile em um celeiro no sul dos EUA. Onde está escondida Clarabelle Clandestina?

Clarabelle

Você nos encontrou?

VIDA NO LAGO NO CANADÁ

Respire o ar fresco e perfumado com pinho, e maravilhe-se com a espetacular vida selvagem do Canadá aqui nas Montanhas Rochosas. Você pode ver Patrice, o Impostor?

Patrice

Você nos encontrou?

ENCONTRE A SOMBRA

Qual destas silhuetas combina exatamente com a formação de líderes de torcida?

CIRCULE AS DIFERENÇAS

Circule 10 diferenças entre essas duas cenas de safári.

A LÓGICA DA LHAMA

Qual lhama é a diferente?

69

COMPLETE A CONSTRUÇÃO

Encaixe as peças do quebra-cabeças nos lugares corretos.
Qual peça não pertence ao jogo?

Enigma do fliperama

Quais duas máquinas de pegar bonecos são exatamente as mesmas?

71

Jogo da memória de Miami

Estude esta cena por dois minutos e, depois, vire para a página seguinte e responda às perguntas sem voltar à cena.

73

Jogo da memória de Miami

Você consegue lembrar o suficiente para responder às perguntas abaixo?

1. O balão do menino tem o formato de qual animal?
2. Por que o dono do carro amarelo está bravo?
3. Quantas palmeiras há na cena?
4. A limusine é preta ou branca?
5. O que o homem de camiseta verde está segurando?
6. O que a gaivota derrubou?

Sombras dançantes

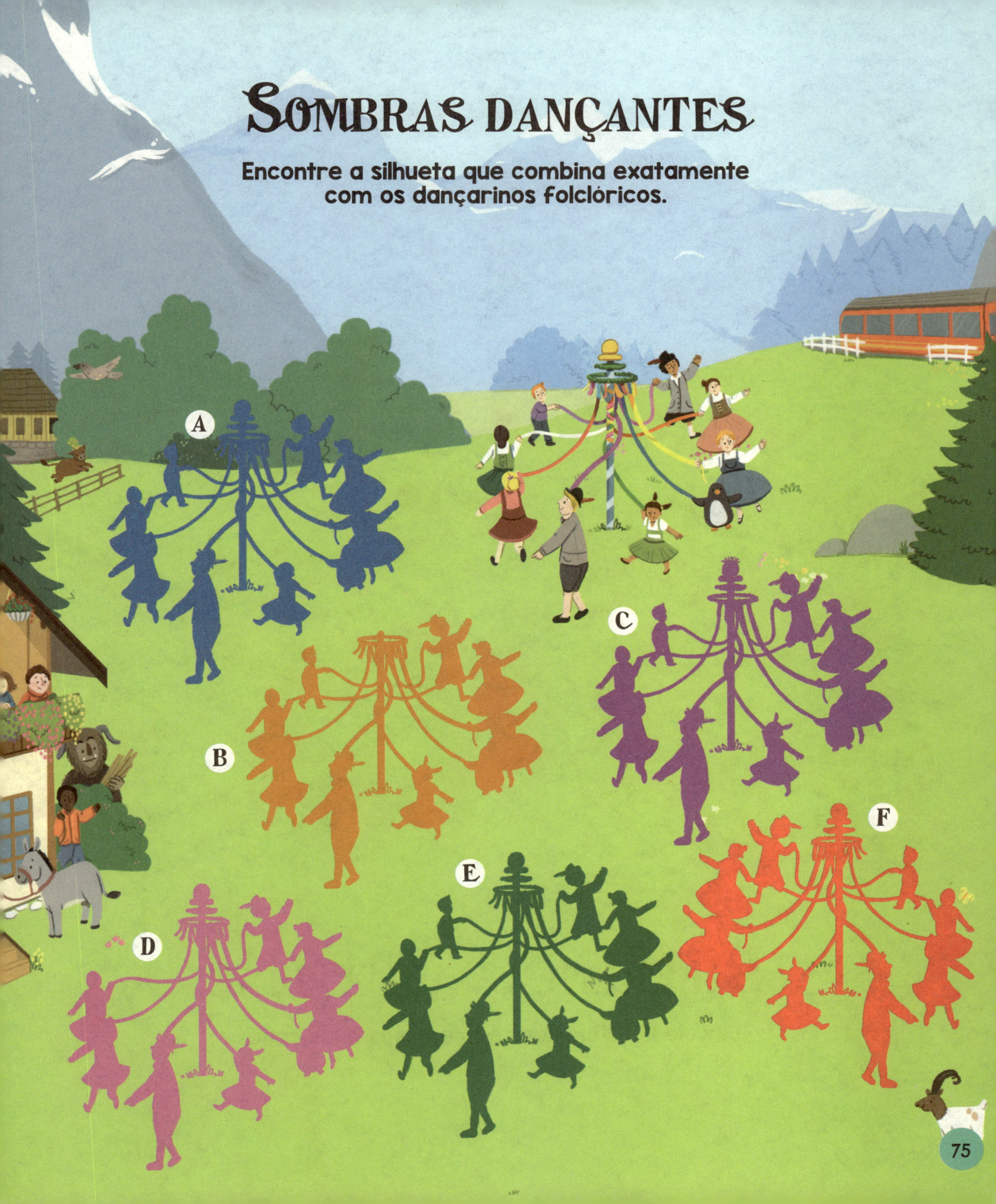

Encontre a silhueta que combina exatamente com os dançarinos folclóricos.

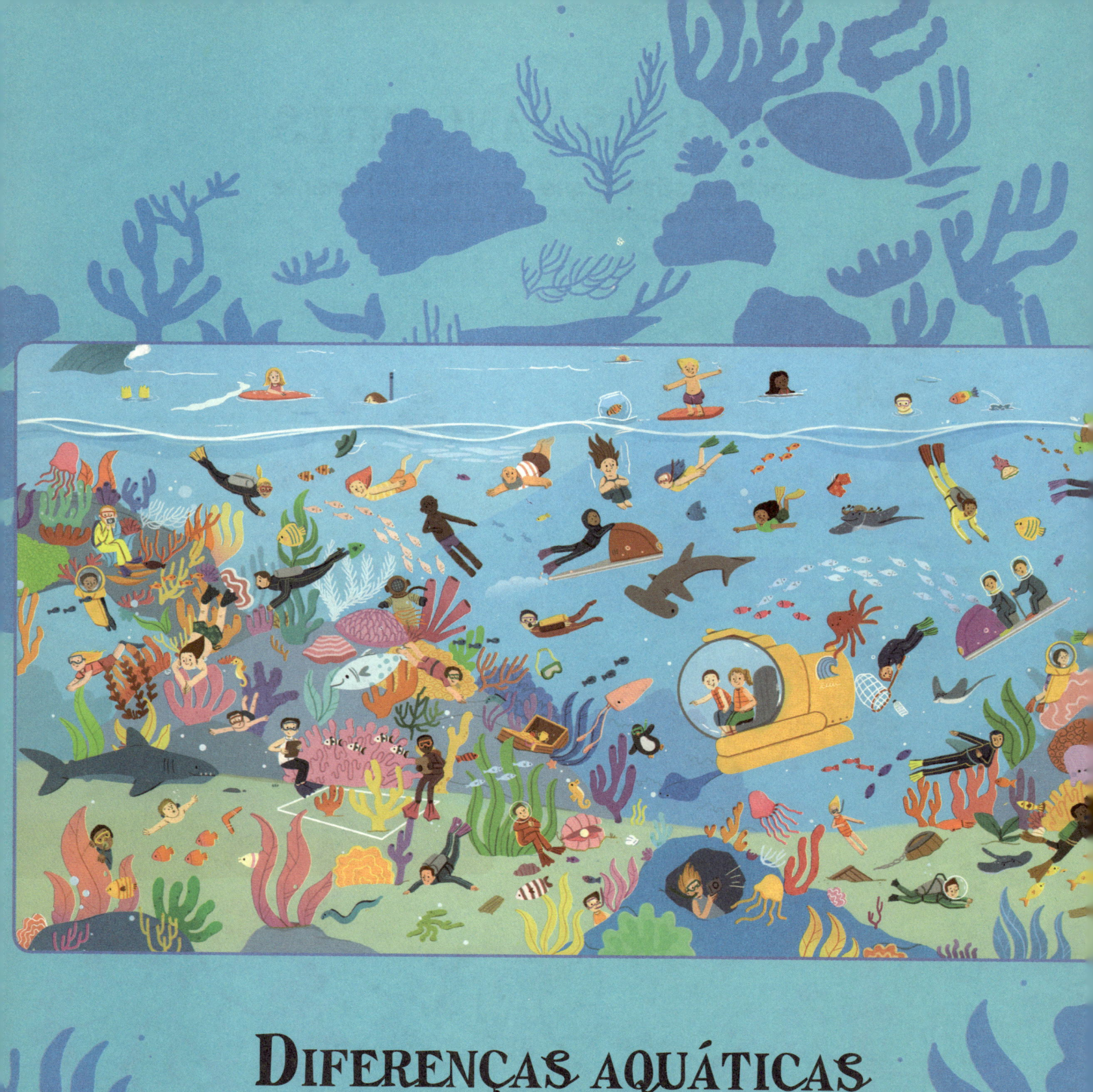

Diferenças aquáticas

Circule 10 diferenças entre essas duas cenas.

76

77

LABIRINTO DE MERCADO

Encontre seu caminho através do mercado flutuante até a loja.

Fim

Início

78

Jogo da memória de Paris

Estude esta cena por dois minutos e, depois, vire a página para responder às perguntas sem voltar à cena.

79

Jogo da memória de Paris

Teste sua memória, e responda às perguntas abaixo:

1. O balão é amarelo ou verde?
2. O músico está tocando um acordeão ou uma trombeta?
3. Do que é a estátua?
4. O desenhista está usando um chapéu?
5. Quantos pinos o malabarista está equilibrando?
6. Qual forma tem o balão rosa na Torre Eiffel?

Descobridor de bandeiras

Combine cada pessoa com seu país.

Japão

Canadá

Noruega

Rússia

Egito

Passeio flutuante

Você consegue encontrar dois barcos que parecem exatamente o mesmo?

83

ENCAIXE FRUTÍFERO

Complete a cena encaixando as peças do quebra-cabeças nos lugares corretos.
Qual peça não pertence ao jogo?

A B C D E F G

Excursionistas selvagens

Encontre cinco animais que não pertencem à Floresta Tropical Amazônica.

Enigma celta

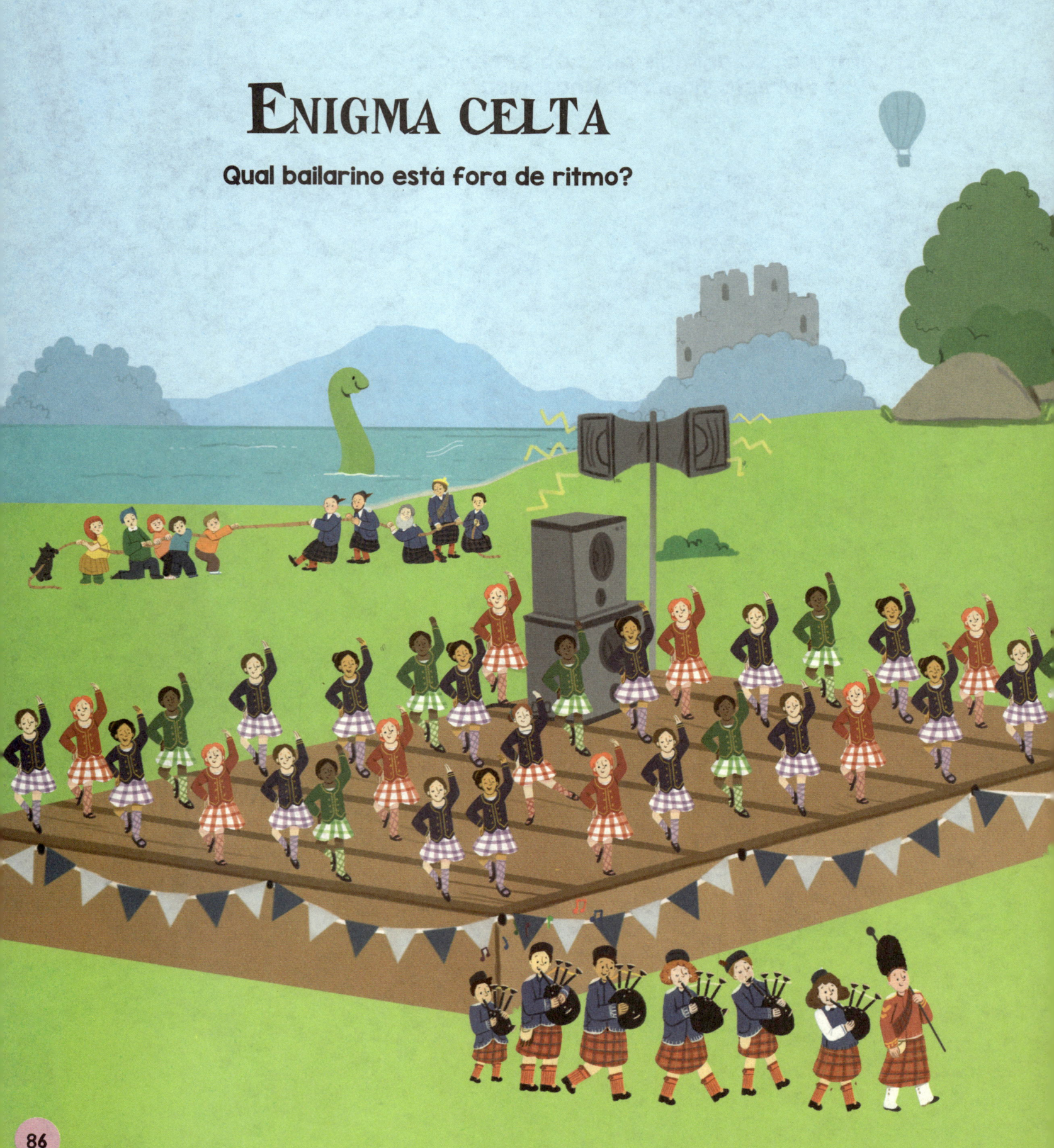

Qual bailarino está fora de ritmo?

OÁSIS

Conduza o camelo sobre as pontes até a água no deserto quente e seco. Cuidado com os escorpiões e múmias!

Início

Fim

Iluminando o céu

Você pode identificar

- 1 peixe
- 2 foguetes
- 3 flores roxas
- 4 borboletas
- 5 lanternas vermelhas

Respostas

Páginas 4-5 Fashionistas pela França

Páginas 6-7 Festa italiana

Páginas 8-9 La Tomatina na Espanha

Páginas 10-11 Festa em Portugal

Páginas 12-13 Ceilidh na Irlanda

Páginas 14-15 Jogos escoceses

Páginas 16-17 Verão na Inglaterra

Páginas 18-19 Os canais de Amsterdã

Páginas 20-21 Deliciosa Dinamarca

Páginas 22-23 Carnaval de Colônia

Páginas 24-25 Alpes austríacos

Páginas 26-27 Luz do Norte na Noruega

Páginas 28-29 Hotel de gelo sueco

Páginas 30-31 Festa das Flores na Polônia

Páginas 32-33 Moscou Majestosa

Páginas 34-35 Tóquio High Tech

Páginas 36-37 Ano Novo Chinês

Páginas 38-39 Índia movimentada

Páginas 40-41 Hidrovias da Indonésia

Páginas 42-43 Vida na praia em Oz

Páginas 44-45 Animais da África

Páginas 46-47 Pirâmides de Gizé

Páginas 48-49 Mercado de rua nigeriano

Páginas 50-51 Tango na Argentina

Páginas 52-53 Pitoresco Peru

Páginas 54-55 Expedição Equatoriana

Páginas 56-57 Futebol nos Estados Unidos

Páginas 58-59 Escola Espacial Americana

Páginas 60-61 Miami Beach

Páginas 62-63 Danças texanas

93

Páginas 64-65 Vida no lago no Canadá

Página 66 Encontre a sombra

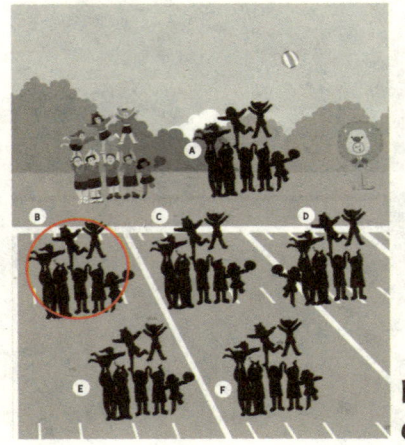

B é a silhueta correspondente.

Páginas 67 Circule as diferenças

Páginas 68-69 A lógica da lhama

D é a diferente.

Página 70 Complete a construção

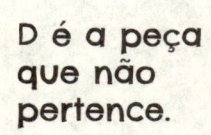

D é a peça que não pertence.

Página 71 Enigma do fliperama

Página 74 Jogo da memória de Miami

1. O balão do menino tem a forma de um golfinho.
2. O dono do carro amarelo está bravo porque o pelicano fez cocô em seu carro.
3. Há quatro palmeiras.
4. A limusine é preta.
5. O homem de camiseta verde está segurando um mapa.
6. A gaivota derrubou um sorvete.

Página 75 Sombras dançantes

E é a silhueta correspondente.

Páginas 76-77 Diferenças aquáticas

Página 78 Labirinto de mercado

Página 80 Jogo da memória de Paris

1. O balão é verde.
2. O músico está tocando um acordeão.
3. A estátua é um cavalo.
4. Sim, o desenhista está usando um chapéu.
5. O malabarista está equilibrando seis pinos.
6. O balão rosa tem a forma de um coração.

Página 81 Descobridor de bandeiras

A— A Patrulha Montada em seu cavalo é do Canadá.
B— A senhora de vestido folclórico é da Rússia.
C— O pastor de renas é da Noruega.
D— O faraó é do Egito.
E— A senhora vestida de quimono é do Japão.

Páginas 82-83 Passeio flutuante

Página 84 Encaixe frutífero

G é a peça que não pertence.

Página 85 Excursionistas selvagens

Página 86 Enigma celta

Página 87 Oásis

Página 88 Iluminando o céu